필사낭독

용기 편

일러두기

1. 「성경전서 개역개정판」에서 '용기'와 관련된 구절을 뽑아 정리했습니다.
2. 성경 구절을 원문 그대로 싣는 것을 원칙으로 하지만, 맨 앞의 접속사는 생략한 구절도 있습니다.

마음이 행복해지는
성경 라이팅북

필사낭독

용기 편

선율

CHAPTER 01

걱정과 두려움을 떨쳐 버리고 싶을 때

CHAPTER 02

진정한 용기가 필요할 때

CHAPTER

걱정과 두려움을
떨쳐 버리고 싶을 때

내 신음 소리를 들어 주세요

시편 22:1~5

내 하나님이여 내 하나님이여
어찌 나를 버리셨나이까
어찌 나를 멀리 하여 돕지 아니하시오며
내 신음 소리를 듣지 아니하시나이까
내 하나님이여
내가 낮에도 부르짖고 밤에도 잠잠하지 아니하오나
응답하지 아니하시나이다
이스라엘의 찬송 중에 계시는 주여
주는 거룩하시니이다
우리 조상들이 주께 의뢰하고 의뢰하였으므로 그들을 건지셨나이다
그들이 주께 부르짖어 구원을 얻고 주께 의뢰하여
수치를 당하지 아니하였나이다

나의 희망이 어디 있느냐

욥기 17:15

나의 희망이 어디 있으며
나의 희망을 누가 보겠느냐

나의 희망이 어디 있느냐

너희 자신을 확증하라

고린도후서 13:5~9

너희는 믿음 안에 있는가
너희 자신을 시험하고 너희 자신을 확증하라
예수 그리스도께서 너희 안에 계신 줄을 너희가 스스로 알지 못하느냐
그렇지 않으면 너희는 버림 받은 자니라
우리가 버림 받은 자 되지 아니한 것을
너희가 알기를 내가 바라고
우리가 하나님께서 너희로 악을 조금도 행하지 않게 하시기를 구하노니
이는 우리가 옳은 자임을 나타내고자 함이 아니라
오직 우리는 버림 받은 자 같을지라도 너희는 선을 행하게 하고자 함이라
우리는 진리를 거슬러 아무것도 할 수 없고
오직 진리를 위할 뿐이니
우리가 약할 때에 너희가 강한 것을 기뻐하고 또 이것을 위하여 구하니
곧 너희가 온전하게 되는 것이라

16:17

제게 능력을 주소서

마가복음 9:23

예수께서 이르시되
할 수 있거든이 무슨 말이냐
믿는 자에게는
능히 하지 못할 일이
없느니라 하시니

모든 환난 중에서 우리를 위로하사

고린도후서 1:4~7

우리의 모든 환난 중에서 우리를 위로하사
우리로 하여금 하나님께 받는 위로로써
모든 환난 중에 있는 자들을 능히 위로하게 하시는 이시로다
그리스도의 고난이 우리에게 넘친 것 같이
우리가 받는 위로도 그리스도로 말미암아 넘치는도다
우리가 환난 당하는 것도 너희가 위로와 구원을 받게 하려는 것이요
우리가 위로를 받는 것도 너희가 위로를 받게 하려는 것이니
이 위로가 너희 속에 역사하여 우리가 받는 것 같은
고난을 너희도 견디게 하느니라
너희를 위한 우리의 소망이 견고함은
너희가 고난에 참여하는 자가 된 것 같이
위로에도 그러할 줄을 앎이라

20:21

아버지께서 나와 함께 계시느니라

요한복음 16:31~32

예수께서 대답하시되 이제는 너희가 믿느냐
보라 너희가 다 각각 제 곳으로 흩어지고
나를 혼자 둘 때가 오나니 벌써 왔도다
그러나 내가 혼자 있는 것이 아니라
아버지께서 나와 함께 계시느니라

22:23

아버지께 구하면 주시리라

요한복음 16:23~24

그 날에는 너희가 아무 것도 내게 묻지 아니하리라
내가 진실로 진실로 너희에게 이르노니
너희가 무엇이든지 아버지께 구하는 것을
내 이름으로 주시리라
지금까지는 너희가 내 이름으로 아무 것도 구하지 아니하였으나
구하라 그리하면 받으리니
너희 기쁨이 충만하리라

24 : 25

내가 곧 길이요

요한복음 14:6

예수께서 이르시되
내가 곧 길이요 진리요 생명이니
나로 말미암지 않고는
아버지께로 올 자가 없느니라

26:27

빛의 아들이 되리라

요한복음 12:35~36

예수께서 이르시되
아직 잠시 동안 빛이 너희 중에 있으니
빛이 있을 동안에 다녀 어둠에 붙잡히지 않게 하라
어둠에 다니는 자는
그 가는 곳을 알지 못하느니라
너희에게 아직 빛이 있을 동안에 빛을 믿으라
그리하면 빛의 아들이 되리라
예수께서 이 말씀을 하시고
그들을 떠나가서 숨으시니라

무엇이든지 원하는 대로 구하라

요한복음 15:7~8

너희가 내 안에 거하고
내 말이 너희 안에 거하면
무엇이든지 원하는 대로 구하라
그리하면 이루리라
너희가 열매를 많이 맺으면
내 아버지께서 영광을 받으실 것이요
너희는 내 제자가 되리라

헛된 것과 거짓말을 멀리 하게 하소서

잠언 30:7~9

내가 두 가지 일을 주께 구하였사오니
내가 죽기 전에 내게 거절하지 마시옵소서
곧 헛된 것과 거짓말을 내게서 멀리 하옵시며
나를 가난하게도 마옵시고 부하게도 마옵시고
오직 필요한 양식으로 나를 먹이시옵소서
혹 내가 배불러서 하나님을 모른다 여호와가 누구냐 할까 하오며
혹 내가 가난하여 도둑질하고
내 하나님의 이름을 욕되게 할까 두려워함이니이다

그의 걸음을 인도하소서

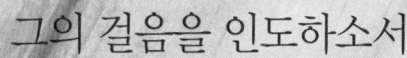

잠언 16:9

사람이 마음으로
자기의 길을 계획할지라도
그의 걸음을 인도하시는 이는
여호와시니라

나의 평안을 너희에게 주노라

요한복음 14:27

평안을 너희에게 끼치노니
곧 나의 평안을 너희에게 주노라
내가 너희에게 주는 것은
세상이 주는 것 같지 아니하니라
너희는 마음에 근심하지도 말고
두려워하지도 말라

문을 두드리면 열릴 것이요

마태복음 7:7

구하라 그리하면 너희에게 주실 것이요
찾으라 그리하면 찾아낼 것이요
문을 두드리라 그리하면 너희에게 열릴 것이니

너는 내 것이니라

이사야 43:1

야곱아 너를 창조하신 여호와께서
지금 말씀하시느니라
이스라엘아 너를 지으신 이가 말씀하시느니라
너는 두려워하지 말라
내가 너를 구속하였고
내가 너를 지명하여 불렀나니
너는 내 것이라

강하고 담대해져라

여호수아 1:9

내가 네게 명령한 것이 아니냐
강하고 담대하라
두려워하지 말며 놀라지 말라
네가 어디로 가든지
네 하나님 여호와가
너와 함께 하느니라 하시니라

네 짐을 여호와께 맡겨라

시편 55:22

네 짐을 여호와께 맡기라
그가 너를 붙드시고
의인의 요동함을
영원히 허락하지
아니하시리로다

내가 그를 높이리라

시편 91:14

하나님이 이르시되
그가 나를 사랑한즉
내가 그를 건지리라
그가 내 이름을 안즉
내가 그를 높이리라

염려하지 말라

베드로전서 5:7

너희 염려를
다 주께 맡기라
이는 그가
너희를 돌보심이라

두려워 하지 말라

이사야 41:10

두려워 하지 말라
내가 너와 함께 함이라
놀라지 말라
나는 네 하나님이 됨이라
내가 너를 굳세게 하리라
참으로 너를 도와 주리라
참으로 나의 의로운 오른손으로
너를 붙들리라

그들 앞에서 떨지 말라

신명기 31:6

너희는 강하고 담대하라
두려워하지 말라
그들 앞에서 떨지 말라 이는
네 하나님 여호와 그가 너와 함께 가시며
결코 너를 떠나지 아니하시며
버리지 아니하실 것임이라 하고

52:53

내가 네게 응답하리라

예레미야 33:3

너는 내게 부르짖으라
내가 네게 응답하겠고
네가 알지 못하는
크고 은밀한 일을 네게 보이리라

내가 네게 응답하리라

나를 눈동자같이 지키시리라

시편 17:8

나를 눈동자 같이 지키시고
주의 날개 그늘 아래에 감추사

한 날의 괴로움은 그 날로 족하니라

마태복음 6:33~34

너희는 먼저 그의 나라와 그의 의를 구하라
그리하면 이 모든 것을 너희에게 더하시리라
그러므로 내일 일을 위하여 염려하지 말라
내일 일은 내일이 염려할 것이요
한 날의 괴로움은 그 날로 족하니라

너를 지켜주시리라

민수기 6:24~26

여호와는 네게 복을 주시고
너를 지키시기를 원하며
여호와는 그의 얼굴을 네게 비추사
은혜 베푸시기를 원하며
여호와는 그 얼굴을 네게로 향하여 드사
평강 주시기를 원하노라 할지니라 하라

너희에게 미래와 희망을 주시니라

예레미야 29:11

여호와의 말씀이니라
너희를 향한 나의 생각을 내가 아나니
평안이요 재앙이 아니니라
너희에게 미래와 희망을 주는 것이니라

너희에게 미래와 희망을 주시니라

너를 떠나지 아니하시니라

신명기 31:8

그리하면 여호와 그가 네 앞에서 가시며
너와 함께 하사 너를 떠나지 아니하시며
버리지 아니하시리니
너는 두려워하지 말라 놀라지 말라

너와 함께 있음이니라

여호수아 1:5

네 평생에 너를 능히 대적할 자가 없으리니
내가 모세와 함께 있었던 것 같이
너와 함께 있을 것임이니라
내가 너를 떠나지 아니하며
버리지 아니하리니

너와 함께 있음이니라

너를 지키시는 이시라

시편 121:5~7

여호와는 너를 지키시는 이시라
여호와께서 네 오른쪽에서 네 그늘이 되시나니
낮의 해가 너를 상하게 하지 아니하며
밤의 달도 너를 해치지 아니하리로다
여호와께서 너를 지켜 모든 환난을 면하게 하시며
또 네 영혼을 지키시리로다

CHAPTER

02

진정한 용기가
필요할 때

바른 길로 행하는 자는 걸음이 평안하니라

잠언 10:8~9

마음이 지혜로운 자는 계명을 받거니와

입이 미련한 자는 멸망하리라

바른 길로 행하는 자는

걸음이 평안하려니와

굽은 길로 행하는 자는

드러나리라

바른 길로 행하는 자는 걸음이 평안하니라

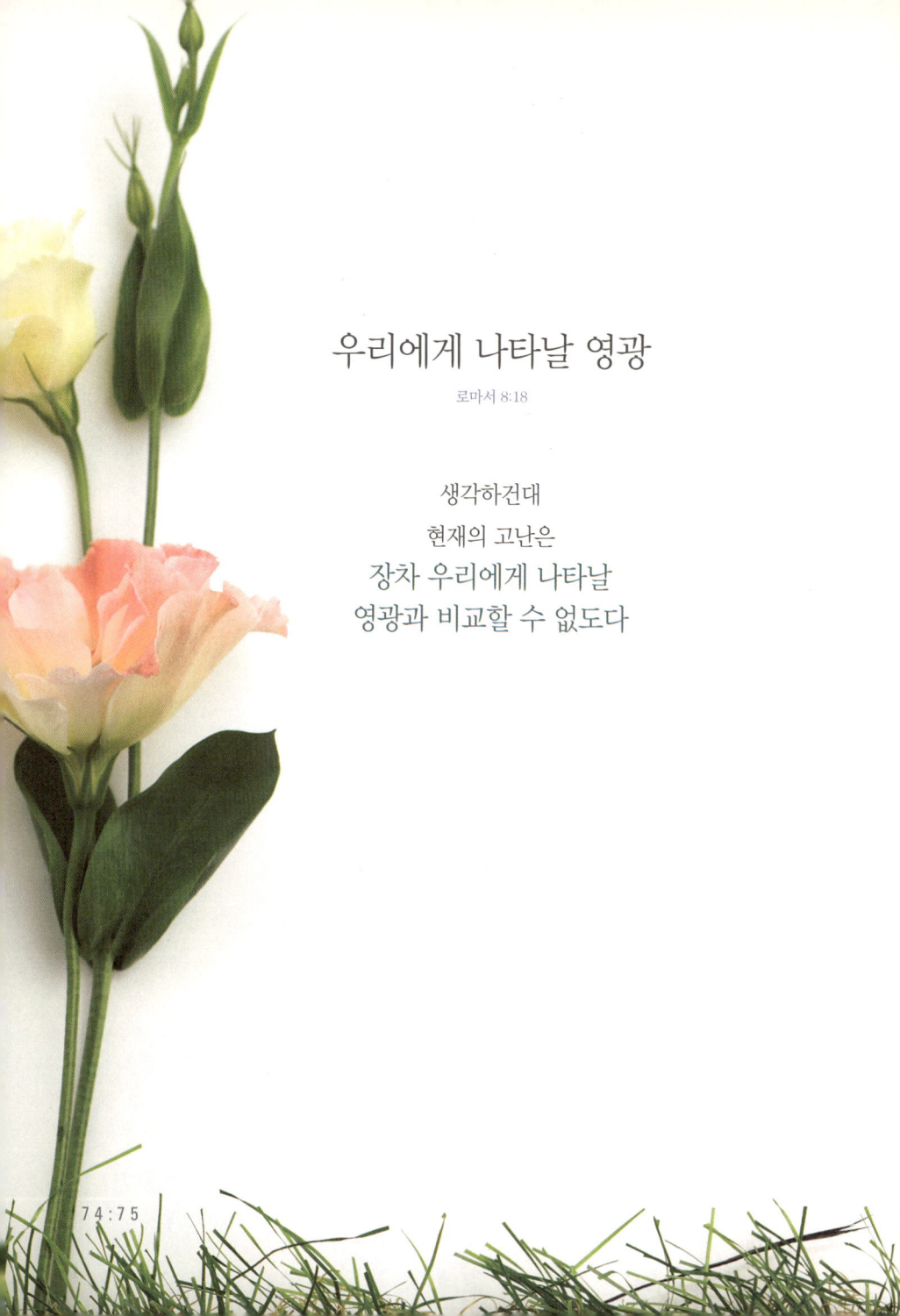

우리에게 나타날 영광

로마서 8:18

생각하건대
현재의 고난은
장차 우리에게 나타날
영광과 비교할 수 없도다

처음 것들이 다 지나갔음이니라

요한계시록 21:4

모든 눈물을 그 눈에서 닦아 주시니
다시는 사망이 없고
애통하는 것이나 곡하는 것이나
아픈 것이 다시 있지 아니하리니
처음 것들이 다 지나갔음이러라

처음 것들이 다 지나갔음이니라

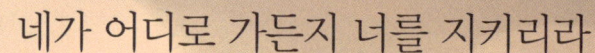

네가 어디로 가든지 너를 지키리라

창세기 28:15

내가 너와 함께 있어
네가 어디로 가든지 너를 지키며
너를 이끌어 이 땅으로 돌아오게 할지라
내가 네게 허락한 것을 다 이루기까지
너를 떠나지 아니하리라 하신지라

네가 어디로 가든지 너를 지키리라

기쁨으로 거두리로다

시편 126:5~6

눈물을 흘리며 씨를 뿌리는 자는
기쁨으로 거두리로다
울며 씨를 뿌리러 나가는 자는
반드시 기쁨으로
그 곡식 단을 가지고 돌아오리로다

기쁨으로 거두리로다

내가 너희들의 기도를 들을 것이요

예레미야 29:12~13

너희가 내게 부르짖으며
내게 와서 기도하면
내가 너희들의 기도를 들을 것이요
너희가 온 마음으로 나를 구하면
나를 찾을 것이요 나를 만나리라

우로나 좌로나 치우치지 말라

여호수아 1;7

오직 강하고 극히 담대하여
나의 종 모세가 네게 명령한
그 율법을 다 지켜 행하고
우로나 좌로나 치우치지 말라
그리하면
어디로 가든지 형통하리니

우로나 좌로나 치우치지 말라

하나님께 소망을 두라

시편 42:5

내 영혼아
네가 어찌하여 낙심하며
어찌하여 내 속에서 불안해 하는가
너는 하나님께 소망을 두라
그가 나타나 도우심으로 말미암아
내가 여전히 찬송하리로다

하나님께 소망을 두라

여호와께 맡기라

잠언 16:3

너의 행사를 여호와께 맡기라
그리하면 네가 경영하는 것이
이루어지리라

너희 마음과 생각을 지키시리라

빌립보서 4:6~7

아무 것도 염려하지 말고
오직 모든 일에 기도와 간구로
너희 구할 것을 감사함으로
하나님께 아뢰라
그리하면 모든 지각에 뛰어난
하나님의 평강이
그리스도 예수 안에서
너희 마음과 생각을 지키시리라

너희 마음과 생각을 지키시리라

여호와는 나의 목자시니

시편 23:1~6

여호와는 나의 목자시니 내게 부족함이 없으리로다
그가 나를 푸른 풀밭에 누이시며 쉴 만한 물가로 인도하시는도다
내 영혼을 소생시키시고 자기 이름을 위하여 의의 길로 인도하시는도다
내가 사망의 음침한 골짜기로 다닐지라도 해를 두려워하지 않을 것은
주께서 나와 함께 하심이라 주의 지팡이와 막대기가 나를 안위하시나이다
주께서 내 원수의 목전에서 내게 상을 차려 주시고
기름을 내 머리에 부으셨으니 내 잔이 넘치나이다
내 평생에 선하심과 인자하심이 반드시 나를 따르리니
내가 여호와의 집에 영원히 살리로다

지혜 있는 자는 강하리라

잠언 24:5~6

지혜 있는 자는 강하고
지식 있는 자는 힘을 더하나니
너는 전략으로 싸우라
승리는 지략이 많음에 있느니라

네 길을 여호와께 맡기라

시편 37:4~6

여호와를 기뻐하라
그가 네 마음의 소원을 네게 이루어 주시리로다
네 길을 여호와께 맡기라
그를 의지하면 그가 이루시고
네 의를 빛 같이 나타내시며
네 공의를 정오의 빛 같이 하시리로다

네 길을 여호와께 맡기라

네가 무엇을 하든지 형통할지라

열왕기상 2:2~3

내가 이제 세상 모든 사람이 가는 길로 가게 되었노니
너는 힘써 대장부가 되고
네 하나님 여호와의 명령을 지켜
그 길로 행하여 그 법률과 계명과 율례와 증거를
모세의 율법에 기록된 대로 지키라
그리하면 네가 무엇을 하든지 어디로 가든지 형통할지라

푯대를 향하여 가라

빌립보서 3:12~14

내가 이미 얻었다 함도 아니요 온전히 이루었다 함도 아니라
오직 내가 그리스도 예수께 잡힌 바 된
그것을 잡으려고 달려가노라
형제들아 나는 아직 내가 잡은 줄로 여기지 아니하고
오직 한 일 즉 뒤에 있는 것은 잊어버리고
앞에 있는 것을 잡으려고
푯대를 향하여 그리스도 예수 안에서
하나님이 위에서 부르신 부름의 상을 위하여 달려가노라

우리는 일어나 바로 서도다

시편 20:6-8

여호와께서 자기에게 기름 부음 받은 자를
구원하시는 줄 이제 내가 아노니
그의 오른손의 구원하는 힘으로
그의 거룩한 하늘에서 그에게 응답하시리로다
어떤 사람은 병거, 어떤 사람은 말을 의지하나
우리는 여호와 우리 하나님의 이름을 자랑하리로다
그들은 비틀거리며 엎드러지고
우리는 일어나 바로 서도다

인내를 온전히 이루라

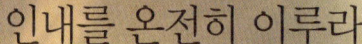

야고보서 1:3-4

이는 너희 믿음의 시련이 인내를
만들어 내는 줄 너희가 앎이라
인내를 온전히 이루라
이는 너희로 온전하고 구비하여
조금도 부족함이 없게 하려 함이라

인내를 온전히 이루라

때가 이르매 거두리라

갈라디아서 6:9

우리가 선을 행하되 낙심하지 말지니
포기하지 아니하면
때가 이르매 거두리라

그의 율법을 주야로 묵상하라

시편 1:1-3

복 있는 사람은 악인들의 꾀를 따르지 아니하며
죄인들의 길에 서지 아니하며 오만한 자들의 자리에 앉지 아니하고
오직 여호와의 율법을 즐거워하여
그의 율법을 주야로 묵상하는도다
그는 시냇가에 심은 나무가 철을 따라 열매를 맺으며
그 잎사귀가 마르지 아니함 같으니
그가 하는 모든 일이 다 형통하리로다

믿음 안에서 소망이 넘치리라

로마서 15:13

소망의 하나님이 모든 기쁨과 평강을 믿음 안에서
너희에게 충만하게 하사
성령의 능력으로
소망이 넘치게 하시기를 원하노라

보이지 않는 것은 영원함이라

고린도후서 4:16~18

우리가 낙심하지 아니하노니
우리의 겉사람은 낡아지나
우리의 속사람은 날로 새로워지도다
우리가 잠시 받는 환난의 경한 것이
지극히 크고 영원한 영광의 중한 것을
우리에게 이루게 함이니
우리가 주목하는 것은 보이는 것이 아니요
보이지 않는 것이니
보이는 것은 잠깐이요
보이지 않는 것은 영원함이라

환난 중에도 즐거워하나니

로마서 5:3~4

다만 이뿐 아니라
우리가 환난 중에도 즐거워하나니
이는 환난은 인내를,
인내는 연단을,
연단은 소망을 이루는 줄 앎이로다

빛의 열매

에베소서 5:9

빛의
열매는
모든 착함과
의로움과 진실함에
있느니라

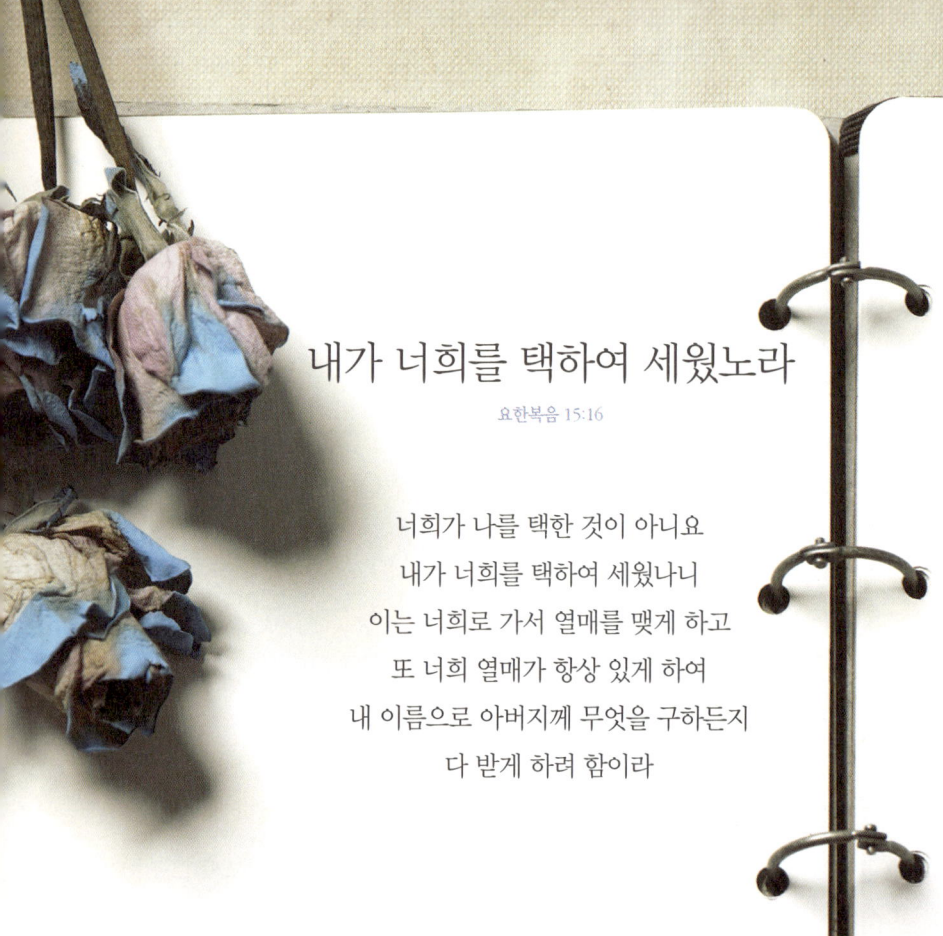

내가 너희를 택하여 세웠노라

요한복음 15:16

너희가 나를 택한 것이 아니요
내가 너희를 택하여 세웠나니
이는 너희로 가서 열매를 맺게 하고
또 너희 열매가 항상 있게 하여
내 이름으로 아버지께 무엇을 구하든지
다 받게 하려 함이라

내가 너희를 택하여 세웠노라

내가 세상을 이기었노라

요한복음 16:33

이것을 너희에게 이르는 것은
너희로 내 안에서 평안을 누리게 하려 함이라
세상에서는 너희가 환난을 당하나 담대하라
내가 세상을 이기었노라

지혜로운 자는 사람을 얻느니라

잠언 11:30

의인의 열매는
생명 나무라
지혜로운 자는
사람을
얻느니라

내가 여호와께 바라는 한가지 일

시편 27:4

내가 여호와께 바라는 한 가지 일
그것을 구하리니
곧 내가 내 평생에 여호와의 집에 살면서
여호와의 아름다움을 바라보며
그의 성전에서 사모하는 그것이라

악인 앞에 굴복하지 말지어다

잠언 25:26

의인이 악인 앞에 굴복하는 것은
우물이 흐려짐과
샘이 더러워짐과 같으니라

내가 가는 길을 그가 아시나니

욥기 23:10

내가 가는 길을 그가 아시나니
그가 나를 단련하신 후에는
내가 순금 같이 되어 나오리라

내가 가는 길을 그가 아시나니

우리가 소망으로 구원을 얻었으니

로마서 8:24~25

우리가 소망으로 구원을 얻었으매

보이는 소망이 소망이 아니니

보는 것을 누가 바라리요

만일 우리가 보지 못하는 것을 바라면

참음으로 기다릴지니라

우리가 소망으로 구원을 얻었으니

좁은 문으로 들어가기를 힘쓰라

누가복음 13:24

좁은 문으로 들어가기를 힘쓰라
내가 너희에게 이르노니
들어가기를 구하여도
못하는 자가 많으리라

생명으로 인도하는 문은 좁으리니

마태복음 7:13~14

좁은 문으로 들어가라
멸망으로 인도하는 문은 크고
그 길이 넓어 그리로 들어가는 자가 많고
생명으로 인도하는 문은
좁고 길이 협착하여 찾는 자가 적음이라

내 길에 빛이니이다

시편 119:105

주의 말씀은
내 발에 등이요
내 길에 빛이니이다

진리가 너희를 자유롭게 하리라

요한복음 8:32~34

진리를 알지니 진리가 너희를 자유롭게 하리라
그들이 대답하되 우리가 아브라함의 자손이라
남의 종이 된 적이 없거늘
어찌하여 우리가 자유롭게 되리라 하느냐
예수께서 대답하시되
진실로 진실로 너희에게 이르노니
죄를 범하는 자마다 죄의 종이라

모든 것을 할 수 있으리라

빌립보서 4:13

내게 능력 주시는 자 안에서
내가 모든 것을
할수 있으리라

네 갈 길을 가르쳐 보이리라

시편 32:8

내가 네 갈 길을 가르쳐 보이고
너를 주목하여 훈계하리로다

그가 너를 영화롭게 하리라

잠언 4:8

그를 높이라 그리하면
그가 너를 높이 들리라
만일 그를 품으면
그가 너를 영화롭게 하리라

그가 너를 영화롭게 하리라

나는 믿음을 지켰으니

디모데후서 4:7

나는 선한 싸움을 싸우고
나의 달려갈 길을 마치고
믿음을 지켰으니

나는 믿음을 지켰으니

여호와를 앙망하는 자는 새 힘을 얻으리니

이사야 40:28~31

너는 알지 못하였느냐 듣지 못하였느냐
영원하신 하나님 여호와
땅 끝까지 창조하신 이는 피곤하지 않으시며
곤비하지 않으시며 명철이 한이 없으시며
피곤한 자에게는 능력을 주시며
무능한 자에게는 힘을 더하시나니
소년이라도 피곤하며 곤비하며
장정이라도 넘어지며 쓰러지되
오직 여호와를 앙망하는 자는 새 힘을 얻으리니
독수리가 날개치며 올라감 같을 것이요
달음박질하여도 곤비하지 아니하겠고
걸어가도 피곤하지 아니하리로다

내가 하나님을 의지하리니

시편 56:11

내가 하나님을 의지하였은즉
두려워하지 아니하리니
사람이 내게 어찌하리이까

너희로 능히 감당하게 하시리라

고린도전서 10:13

사람이 감당할 시험 밖에는 너희가 당한 것이 없나니
오직 하나님은 미쁘사
너희가 감당하지 못할 시험 당함을 허락하지 아니하시고
시험 당할 즈음에 또한 피할 길을 내사
너희로 능히 감당하게 하시느니라

너희로 능히 감당하게 하시리라

능력과 정의와 용기로 충만해져라

미가 3:8

오직 나는 여호와의 영으로 말미암아
능력과 정의와 용기로 충만해져서
야곱의 허물과 이스라엘의 죄를
그들에게 보이리라

용기를 얻었느니라

사무엘상 30:6

백성들이 자녀들 때문에 마음이 슬퍼서
다윗을 돌로 치자 하니
다윗이 크게 다급하였으나
그의 하나님 여호와를
힘입고 용기를 얻었더라

용기를 얻었느니라

의인의 소망은 즐거움을 이루리라

잠언 10:28

의인의 소망은 즐거움을 이루어도
악인의 소망은 끊어지느니라

의인의 소망은 즐거움을 이루리라

가난한 자가 희망이 있느니라
욥기 5:16

가난한 자가 희망이 있고
악행이 스스로
입을 다무느니라

가난한 자가 희망이 있느니라

여호와는 나의 힘과 방패이시니

시편 28:7

여호와는 나의 힘과 나의 방패이시니
내 마음이 그를 의지하여 도움을 얻었도다
그러므로 내 마음이 크게 기뻐하며
내 노래로 그를 찬송하리로다

여호와는 나의 힘과 방패이시니

내가 너를 건지리라

시편 50:15

환난 날에 나를 부르라
내가 너를 건지리니
네가 나를 영화롭게 하리로다

주는 나를 돕는 이시니

히브리서 13:6

우리가 담대히 말하되 주는 나를 돕는 이시니
내가 무서워하지 아니하겠노라
사람이 내게 어찌하리요 하노라

시험을 참는 자는 복이 있나니

야고보서 1:12

시험을 참는 자는 복이 있나니
이는 시련을 견디어 낸 자가
주께서 자기를 사랑하는 자들에게
약속하신 생명의 면류관을 얻을 것이기 때문이라

다 내게로 오라

마태복음 11:28~30

수고하고 무거운 짐 진 자들아
다 내게로 오라
내가 너희를 쉬게 하리라
나는 마음이 온유하고 겸손하니
나의 멍에를 메고 내게 배우라
그리하면 너희 마음이 쉼을 얻으리니
이는 내 멍에는 쉽고 내 짐은 가벼움이라 하시니라

내가 누구를 두려워하리요

시편 27:1

여호와는 나의 빛이요 나의 구원이시니
내가 누구를 두려워하리요
여호와는 내 생명의 능력이시니
내가 누구를 무서워하리요

내가 누구를 두려워하리요

좋아하는 성경구절을 쓰고 낭독해 보세요.

좋아하는 성경구절을 쓰고 낭독해 보세요.

좋아하는 성경구절을 쓰고 낭독해 보세요.

좋아하는 성경구절을 쓰고 낭독해 보세요.

좋아하는 성경구절을 쓰고 낭독해 보세요.

좋아하는 성경구절을 쓰고 낭독해 보세요.

좋아하는 성경구절을 쓰고 낭독해 보세요.

마음이 행복해지는 성경 라이팅북

필사낭독 용기 편

초판 1쇄 발행 | 2015년 11월 2일

펴낸이 | 임정은
기 획 | 별별공작소
캘리그라피 | 화인 조성윤 irasi@hanmail.net
디자인 | 디자인모노피㈜

펴낸곳 | ㈜SJ소울
등 록 | 2008년 10월 29일 제2010-000015호
주 소 | 경기도 성남시 분당구 야탑동 211-3
전 화 | 070)8639-5396, 0505)489-3167
팩 스 | 0505)489-3168
이메일 | starina75@naver.com

ISBN 978-89-94199-41-2 13230
값 12,000원